Anonymous

Erinnerungen aus dem Leben der Fürstin Pauline zur Lippe-Detmold

Aus den nachgelassenen Papieren eines ehemaligen Lippischen Staatsdieners

Anonymous

Erinnerungen aus dem Leben der Fürstin Pauline zur Lippe-Detmold
Aus den nachgelassenen Papieren eines ehemaligen Lippischen Staatsdieners

ISBN/EAN: 9783743386655

Hergestellt in Europa, USA, Kanada, Australien, Japan

Cover: Foto ©ninafisch / pixelio.de

Manufactured and distributed by brebook publishing software (www.brebook.com)

Anonymous

Erinnerungen aus dem Leben der Fürstin Pauline zur Lippe-Detmold

Erinnerungen aus dem Leben

der Fürstin

Pauline zur Lippe-Detmold.

Aus den nachgelassenen Papieren

eines ehemaligen

Lippischen Staatsdieners.

Gotha.
Friedrich Andreas Perthes.
1860.

Einleitung.

Es ist nur ein schwacher und unvollkommner Versuch, der hier gemacht werden soll, um das Gedächtniß der edlen und hochbegabten Fürstin zu erneuern und es sind nur einige wenige Bruchstücke aus dem reichen Leben derselben, welche hier mitgetheilt werden sollen; vielleicht aber könnten sie Veranlassung dazu geben, daß bald eine kundigere Hand die Feder ergreife, um durch eine eingehende und umfassende Lebensbeschreibung ihr Andenken wieder mehr in Erinnerung zu bringen. Zeit aber wäre es, da jetzt nach einem Zeitraume von fast 40 Jahren seit Paulinens Hinscheiden nur noch einzelne Personen leben, die ihr näher standen, die ohne Zweifel noch Züge in ihrem Gedächtniß aufbewahrt haben, welche die Fürstin auch in ihrem Verhältniß zu Privatpersonen näher charakterisiren; auch werden gewiß noch Viele im Besitz von Briefen sein, deren Mittheilung von Interesse ist und die bei längerer Zögerung immer mehr der Zerstreutheit und der Vernichtung anheim fallen werden.

Es fehlt in Detmold selbst nicht an Männern, die dazu befähigt sind, eine der verewigten Fürstin würdige Biographie zu liefern und denen auch die Quellen, z. B. das Archiv, offen stehen, aus denen sie zu schöpfen hätten, möchten sie dann nicht länger zögern, damit nicht vergessen werde, was die Fürstin war, was sie in einer schweren verhängnißvollen Zeit, wo die Vorsehung sie an die Spitze eines kleinen deutschen Staates gestellt, diesem in allen Beziehungen geleistet und welche hohe Eigenschaften sie überhaupt in allen Lebensverhältnissen auszeichneten.

Hier nun sollen nur einige Thatsachen und einige Züge aus ihrem Leben mitgetheilt werden, die theils aus Erzählungen ihr näher gestandener Personen, theils aus Originalbriefen, Documenten und Acten geschöpft sind und deshalb vielleicht nicht ohne Interesse gelesen werden dürften.

Nachdem die vorliegenden Blätter sich bereits unter der Presse befanden und zum größten Theile abgedruckt waren, fiel uns ein kleines Schriftchen, welches im Jahre 1859 in Detmold herausgekommen ist, in die Hände. Es führt den Titel: „Die Fürstin Pauline und der Generalsuperintendent Weerth" und hat den Seminar-Inspector a. D. Dresel zum Verfasser. Die kleine Schrift enthält außer einer Charakteristik der Fürstin Pauline von dem verewigten Weerth, die bald nach ihrem Tode erschien und welche auch in den hier vorliegenden Blättern benutzt worden ist, über sie nur noch einen kurzen Aufsatz aus dem Brockhausischen Conversationslexikon und die „Worte bei Niederlegung der Regentschaft". — Der hier ausgesprochene Wunsch, es möge bald eine Lebensbeschreibung der Fürstin erscheinen, wird auch in ihr ausgedrückt, sonst aber verbreitet sich das Schriftchen besonders nur über Weerth's Wirksamkeit als Prediger und Vorstand des Schulwesens, worin er im Verein mit der alles Gute und Nützliche fördernden Fürstin für das kleine Land Großes geleistet. Von den hier gegebenen Mittheilungen ist gar nichts weiter darin enthalten und dürfte die Veröffentlichung derselben daher durch jene Schrift nicht überflüssig geworden sein. Diese scheint es sich besonders, neben der Charakterschilderung und den biographischen Nachrichten über den allerdings sehr würdigen und um das Lippische Schulwesen hochverdienten General-Superintendenten Weerth, zum Vorwurf gemacht zu haben, denselben vor ihm in neuerer Zeit gemachten Ausstellungen über ein von ihm eingeführtes Lehrbuch „der Leitfaden", welches man an maßgebender Stelle nicht für orthodox genug hielt, zu vertheidigen und zu schützen. Das Lehrbuch ist inmittelst im Fürstenthum Lippe abgeschafft und zwar nicht ohne Kampf von Seiten der Bewohner desselben.

I.

Die Fürstin Pauline zur Lippe-Detmold wurde am 23. Februar 1769 auf dem Schlosse zu Ballenstedt geboren. Ihr Geburtsjahr ist also auch dasjenige Alexander von Humboldts und Ernst Moritz Arndts. Sie war die Tochter des Fürsten Friedrich Albert von Anhalt-Bernburg, ihre Mutter, Louise, war eine geborne Herzogin von Holstein-Plön. Pauline hatte eine vortreffliche Erziehung erhalten und schon früh, so erzählt man, hatte der Vater, der ebenfalls ausgezeichnete Geistesgaben besaß und die Regierung seines kleinen Landes selbst leitete, die Tochter mit Regierungsgeschäften vertraut gemacht, indem er sie mit in sein Cabinet nahm, wo sie gewissermaßen die Stelle eines Geheim-Secretairs vertrat. Im Jahre 1795 verlobte sie sich mit dem regierenden Fürsten Friedrich Wilhelm Leopold zur Lippe-Detmold und vermählte sich mit demselben im Januar 1796.

Dieser, ihr Gemahl, hatte früher mehrere Jahre an einer Gemüths- oder Geisteskrankheit gelitten und war auf Antrag der Agnaten unter die Curatel eines Oheims gestellt worden, ward aber dann später, einige Zeit vor seiner Verlobung, für genesen erklärt. Er war ein gutmüthiger, wohlwollender Regent, dem das Beste seines Landes aufrichtig am Herzen lag; schwer aber mag es Paulinen, der eben angedeuteten Verhältnisse wegen, doch geworden sein, ihre Zustimmung zu dieser Verbindung zu geben. Damals konnte sie nicht ahnen, welch ein schöner, umfassender und ihrer Begabung so ganz angemessener Wirkungskreis ihr daraus in der Zukunft erwachsen würde.

Im November des Jahres 1796 wurde ihr ältester Sohn, der nachherige regierende Fürst, Paul Alexander Leopold, geboren (er starb am 1. Jan. 1851 nach fast 31jähriger Regierung). Der zweite Sohn, Friedrich, ein Jahr darauf geboren, ging später zuerst in Hannoversche, dann in Oesterreichische Militairdienste und beschloß sein Leben zu Lemgo im Jahre 1855.

Schon im April 1802 wurde Paulinens Ehe durch den Tod des Fürsten aufgelöst und sie führte von diesem Zeitpunkt an die Regierung als Vormünderin ihres Sohnes bis zu dessen Mündigkeit. Sie übergab ihm dieselbe am 3. Juli 1820.

Was sie in diesem Zeitraume von 18 Jahren bei rastloser Thätigkeit dem kleinen Staate gewesen, darüber giebt das noch fortwährende Dankgefühl des treuen Lippischen Volkes, das ihr Andenken noch immer hoch in Ehren hält, ja, man würde in einem nicht protestantischen Lande sagen, daß es seine Pauline wie eine Heilige verehre, ein rührendes Zeugniß.

Nur wenige Monate überlebte sie die Niederlegung der Regentschaft, schon am 29. December desselben Jahres schied sie im 52sten Jahre ihres Alters aus dem Leben. Tief und innig war die Trauer um die Verewigte, die Vielen so Viel gewesen war und heiße Thränen sind ihrem Andenken geweint worden.

Schwere Regierungsjahre waren der Fürstin Bestimmung, der ganze Zeitraum der französischen Occupation fällt in diese Periode. Durch ihre Klugheit und Wachsamkeit wußte sie die Mediatisirung des kleinen Landes zu verhüten. Ueberall, wo es galt, war sie selbst am Platze, sei es in der französischen Kaiserstadt, sei es in Wien ꝛc. Selbst Napoleon I., der die meisten Fürsten seiner Zeit mit Geringschätzung behandelte, wußte sie Achtung abzugewinnen, er zeigte ihr diese persönlich unverholen bei verschiedenen Gelegenheiten, und er hat sich auch sonst mehrfach anerkennend über ihren hohen Geist geäußert.

Wenn man in späterer Zeit mit Recht den Beitritt der deutschen Fürsten zu dem für Deutschland so verderblich gewordenen Rheinbund getadelt hat, so wird man bei einem so kleinen Fürstenthume wie Lippe, dem nur die Wahl zwischen der Einverleibung in das colossale Kaiserreich oder der zeitige Anschluß an jenen Bund übrig blieb, diesen letzteren nur loben können. Dem Lande wurden dadurch unsägliche Calamitäten erspart. Wohl gab es damals wenige Landstrecken in Deutschland, die so von Kriegsdrangsalen verschont geblieben sind, als das kleine Fürstenthum Lippe, in welchem man kaum einen Franzosen erblickt hat. Schon dies wird man als einen großen Erfolg jenes Anschlusses zum Besten des Ländchens bezeichnen können. — Man hat der Fürstin in früherer Zeit wohl zuweilen den Vorwurf französischer Sympathien oder Gesinnungen machen wollen, es ist dies aber durchaus irrig, sie war eine echt deutsche Frau mit wahrhaft vaterländischer Gesinnung und folgte in jener Zeit nur der zwingenden Nothwendigkeit, aber auch ohne jemals zu heucheln, was sie nicht empfand.

Besonders aber war es die innere Verwaltung des Landes, die ihre unablässige Sorge in Anspruch nahm und hier gebührt ihrem erfolgreichen Streben die höchste Anerkennung. Durch eine weise Sparsamkeit brachte sie die zerrütteten Finanzen wieder in Ordnung. Nicht nur daß sie unablässig bemüht war das Land gut, weise und nach der strengsten Gerechtigkeit zu regieren, sich von Allem, was zu dessen Wohle förderlich sein konnte, genau zu unterrichten, Mißstände zu beseitigen, wo sie sich fanden, sondern es traten auch treffliche Anstalten ins Leben. Sie ließ u. A. eine Irrenanstalt, eine Pflegeanstalt für alte Arme, eine freiwillige Arbeits- und eine Kleinkinderbewahr-Anstalt errichten. Das Armenwesen wurde geregelter und besser verwaltet, sie widmete demselben eine ganz besondere Sorgfalt. — Ein Fond zur Errichtung einer öffentlichen Bibliothek wurde von ihr ausgesetzt und daneben die Fürstliche Bibliothek derselben einverleibt. — Diese treffliche Anstalt hat dort ungemein viel zur höheren Bildung beigetragen und thut dies auch noch fortwährend, da in jedem Jahre aus dem nicht unbeträchtlichen Fond derselben eine Anzahl der besten literarischen Erzeugnisse in allen Fächern des Wissens angeschafft wird und die unentgeltliche Benutzung der Bibliothek jedem Gebildeten offen steht. Von welchem unberechenbaren Nutzen die Errichtung der Bibliothek werden mußte, kann man begreifen, wenn man bedenkt, daß in jener Zeit weder eine Buchhandlung noch eine Leihbibliothek sich in Detmold befand.

Um das Schulwesen hat sich Pauline hochverdient gemacht. Das Seminar hat seit ihrer Regierung vortreffliche Lehrer für die Landschulen gebildet. Hier stand ihr besonders der erste Geistliche des Landes, General-Superintendent Weerth, den sie im Jahr 1805 aus Kettwig in der Grafschaft Mark nach Detmold berufen hatte, helfend und fördernd zur Seite; er hat viel und mit unermüdlicher Thätigkeit an diesem Werke mitgearbeitet, er wurde von der Fürstin hochgeschätzt, besaß ihr Vertrauen und stand mit ihr in einem beständigen geschäftlichen Verkehr. Er starb im Jahre 1836 im 63sten Lebensjahre.

In der von ihm im Jahre 1821 verfaßten Charakteristik der Fürstin sagt er u. A.: Daß Jeder, der die Fürstin zuerst gesehen und gesprochen, ihr gegenüber Achtung hätte empfinden müssen, sie habe etwas Fürstliches in ihrem ganzen Wesen gehabt, ihre Haltung, Blick und Miene hätten Aufmerksamkeit erregt. Das Aeußere sei Abdruck des Innern gewesen, sie habe sich eines ungewöhnlichen Maaßes von Geisteskraft erfreut und Keinem, der sie bei irgend einer wichtigen Einsicht, Muth und Entschlossenheit erfordernden Veranlassung habe handeln sehen, habe es beifallen können, ihr klaren hellen Verstand und große Energie des Willens abzusprechen.

Die Unterhaltung habe sie in einem hohen Grade zu beleben gewußt, selbst über das Gewöhnliche und Alltägliche zu reden, habe sie nicht verschmäht, jedoch habe es ihr sichtbar Vergnügen gemacht, sobald sich das Gespräch auf Gegenstände von Bedeutung gewandt und es sei ihrem Geiste Nahrung gewesen, an einer solchen Unterhaltung nicht blos Theil zu nehmen, sondern auch sie einzuleiten, fortzuführen und zu verhüten, daß sie ohne Resultat abgebrochen wäre. — Witzeln und Spötteln über Menschen, die Schwächen verrathen, habe sie verachtet und es in ihrem Kreise nicht dulden wollen. — Mit den verschiedenartigsten Menschen habe sie sich zu unterhalten verstanden und habe selbst bei Menschen, von denen sie gar keine nähere Kunde gehabt, leicht aufgefunden, wofür sie Sinn gehabt. Wo sie Dünkel und Aufgeblasenheit fand, wurde sie einsylbig und wenn Jemand Verdienste geltend machen wollte, die er nicht besaß, so konnte ein tiefes Stillschweigen oder ein schneller Uebergang zu einem andern Gegenstande der Unterhaltung erfolgen.

Was sie geredet, sei bestimmt, gedacht, klar für Jeden, der der Sache nicht unkundig, und sei zusammenhängend und vernehmlich von ihr vorgetragen worden. Sie habe es nicht leiden können, selbst für einen guten Zweck getäuscht zu werden. Eben so wenig war sie durch eine enthusiastische Darstellung eines Gesuchs zu gewinnen und glaubte dann bei einer solchen um so genauer prüfen zu müssen. Was sie nach gehöriger Ueberlegung beschlossen, davon ließ sie sich nicht leicht abführen, nur durch einleuchtende Gründe, welche sie zu hören und zu prüfen durchaus nicht verschmähete, konnte sie besiegt werden. Ein Schwanken nach augenblicklichen Eindrücken, Laßwerden oder Furcht vor dem Erfolg kannte sie nicht. Jede Halbheit war ihr zuwider.

Wollte sie in Verbindung mit Andern etwas durchführen, so wankte sie bei einer etwaigen unerwünschten Wendung des Unternehmens nicht, oder suchte sich zurückzuziehen und es Andern zu überlassen, sie stand zu dem, was von ihr ausgegangen war und sah es als ihre Sache an.

Ueber Menschen, die sie näher kannte, hatte sie ein entschiedenes Urtheil, das sie nicht leicht abänderte. — Vom frühen Morgen bis zum späten Abend war sie thätig und wußte sich auf eine nützliche Art zu beschäftigen. Erholung bedurfte sie selten, diese bestand bei ihr im Wechsel nützlicher Thätigkeit. Selbst die Stunden bei Tafel dienten ihr zur Unterhaltung mit ihren Räthen über das Wohl des Landes. Bei der täglichen Spazierfahrt las sie Zeitungen, Journale u. s. w. und suchte sich auch wohl durch Verschiedenes, was mit der Post angekommen war, zu Arbeiten in ihrem Cabinet vorzubereiten.

Nie blieb sie Antwort schuldig, wenn Jemand etwas bei ihr zu berichten, vorzutragen oder zu bitten hatte, sie erfolgte immer sehr schnell. Selbst für Lectüre und für einen ausgebreiteten freundschaftlichen Briefwechsel wußte sie Zeit zu gewinnen. Durch Liebhabereien und Vergnügungen habe sie sich nicht von der Vollendung ihres Tagewerks abbringen lassen, ihr Begriff von Treue im Beruf sei ein sehr hoher gewesen.

An einem ihrer Geburtstage sei einst ein auf sie sich beziehendes Gedicht in ihrer Gegenwart in einem engern Kreise vorgetragen, welches mit den Worten schloß: "sie war treu in jeglichem Beruf!" Mit sichtbarer Rührung habe sie den Wunsch geäußert, daß man bei ihrem Tode ihr nur dieses Zeugniß möge geben können.

Für Alles, was ihr oblag, habe sie Zeit und Stunde bestimmt. Ihre Geistes- und Körperkraft habe es ihr möglich gemacht, daß sie in den oft vier- bis fünfstündigen Regierungs- und Kammer-Sessionen auf die verschiedensten Gegenstände eine unausgesetzte Aufmerksamkeit habe verwenden können, kein Ermatten sei zu bemerken gewesen und sie habe stets mit durchdringendem Scharfblick und entscheidender Kraft zu reden und zu handeln verstanden, was ihre Räthe stets mit Bewunderung erfüllt habe. Nur in den beiden letzten Lebensjahren sei ein Sinken der Kräfte bemerklich gewesen.

Weerth rühmt ihre hohe Gerechtigkeitsliebe. Sie habe gewollt, daß jeder ihrer Unterthanen von der ihm vorgesetzten Behörde nach dem Gesetz behandelt werde und Jeder konnte sich bei ihr beschweren, wenn er glaubte, daß dies nicht geschehe. Nie würde die Fürstin eine Behörde in Schutz genommen haben, wenn hätte nachgewiesen werden können, daß auch nur aus Uebereilung u. s. w., geschweige denn aus bösem Willen, das Recht gebeugt worden wäre. Der Ernst, mit dem sie verfuhr, wenn auch nur ein nicht gleich zu hebender Verdacht entstand, war allgemein bekannt.

Dabei lag es ihr sehr am Herzen, nicht blos den äußern Wohlstand zu fördern, sondern ihre Unterthanen auch zu einem vernünftig gesitteten, christlichen Benehmen zu leiten. Sie habe von allen ihren Dienern gefordert, daß jeder in seinem Kreise der Unsittlichkeit jeder Art nach Kräften entgegenwirke. Vor Allem bestand sie darauf, daß die Ehe heilig gehalten werde. — Der Bettler, der arbeitsscheu sich herumtreiben wollte, wurde von ihr verachtet. Sie konnte es nicht einmal ertragen, wenn z. B. bei einer Reise von einem aus ihrer Begleitung ein Almosen gegeben wurde und ließ es nicht ohne einen leichten Tadel hingehen. Aber sie half sicher wenn sie zu helfen vermochte, sobald sie sich überzeugt hatte, daß das Bedürfniß Hülfe erheische und konnte bedeutende Summen von ihrem Privatvermögen opfern, nicht minder war sie darauf bedacht, aus öffentlichen Cassen die erforderliche Unterstützung zu verschaffen. Besonders bei zu treffenden allgemeinen Einrichtungen, als z. B. die Flachsmagazine, Kornvertheilung in theuren Jahren sei sie unermüdlich thätig gewesen und habe nicht geruht bis Alles geordnet sei.

Ein schöner Charakterzug bei ihr sei der gewesen, daß sie, die für Andere so viel gethan, jeden kleinen Dienst, der ihr geleistet wurde, dankbar ehrte. Es habe ihr nicht an demjenigen gefehlt, was sie selbst das Gedächtniß des Herzens genannt.

Eine tiefe innige Religiosität habe sie beseelt. Frömmelei

war ihr gänzlich fremd, aber sie hatte tiefe Ehrfurcht vor Gott und dem Erlöser. Und ein „es ist nicht; recht vor Gott" war bei ihr durchaus entscheidend. — Wer, sagt Weerth, hat je gesehen, daß sie das Heilige nicht heilig hielt, wer je ein Wort des Leichtsinns von ihr vernommen, da wo es Religion galt und Gegenstände, die mit derselben in Verbindung stehen?

Den öffentlichen Gottesdienst besuchte sie nicht blos aus Regentenpflicht, sondern auch aus Bedürfniß des Herzens. Von den Meinungen der Theologen und Philosophen nahm sie wenig Kunde, wem sie ungeheuchelte Frömmigkeit zutraute, den ehrte sie, in welcher Form sie sich auch ausgebildet haben mochte. In die Mystik der neueren Zeiten habe sie sich nicht zu finden gewußt und kirchliche Vereinigungen, auf dunkle Formen gebaut, seien ihr sehr zuwider gewesen. Es habe sie dies aber nur vorübergehend beschäftigt und es habe ihr sehr angelegen, jeden Zwist, der deshalb entstehen könne, zu vermeiden. —

So weit Weerth. Sein auf langjähriger, eigener Beobachtung gegründetes, gediegenes und wahrheitstreues Urtheil verdient den vollsten Glauben, er hat nichts übertrieben oder ins Schöne malen wollen.

II.

Schon frühe, noch bei Lebzeiten des Fürsten, ihres Gemahls, nahm das Armenwesen der Residenzstadt Detmold Paulinens besondere Fürsorge in Anspruch. Im Jahre 1801 gab sie demselben eine ganz neue Einrichtung. Ihr ganzes Streben ging dahin, nicht blos Wohlthaten zu spenden, sondern auch der herrschenden Bettelei ein Ziel zu setzen, die Armen gewissermaßen zu erziehen und es zu verhindern, daß die Unterstützung dieselben nicht zur Trägheit, Unordnung oder gar zum Laster führen möge. Sie eröffnete damals ihre Ansicht darüber dem Publikum in einer gedruckten Ansprache an dasselbe, worin sie ihre Grundsätze über diesen so wichtigen Gegenstand darlegte und worin sie zugleich Rechenschaft über das bis dahin Geschehene gab. Das Wesentliche derselben lautet folgendermaßen:

„Seit ich nun wirklich die nähere Aufsicht über das Armenwesen hiesiger Stadt übernahm, ist es mir Vergnügen und scheint mir Pflicht, meinen Mitbürgern mit treuer Genauigkeit die Veränderungen, die stattfanden und die unabänderlichen Grundsätze vorzulegen, wonach ich zu handeln begann und fortfahren werde. Ich bedurfte Gehülfen und fand sie." (Folgen die Namen derselben.) „Durch aller dieser Personen gemeinschaftliche Bemühungen erhalte ich monatlich genaue Tabellen sämmtlicher Armen, bestimme dann nach der genauesten Erkundigung, was jede Familie zu ihrer Unterstützung bedarf, und wir helfen redlich so viel wir können. Alle zur Arbeit Unfähige erhalten Unterstützung durch Bezahlung ihrer Hausmiethe, Herbeischaffung ihrer Feuerungsbedürfnisse, und durch Brod, bis ihre gänzliche Verpflegung im Hospital möglich ist. Diejenigen, welche nur wenig arbeiten, erhalten erhöhten Arbeitslohn, und die Kranken werden so gut verpflegt und bedient, als es bis zur Einrichtung des Krankenhauses möglich ist. Aber ich bleibe dem Grundsatz getreu, den Armen so wenig als möglich Geld in die Hände zu geben, und ich verschaffe mir so viel ich kann die Gewißheit, daß Alles, was ich auszahle, auch die Bestimmung erhält, die ihm gegeben ward." — — —

„Die gesunden Armen sind an das Arbeitshaus verwiesen, die Einrichtung desselben wird Jedem bekannt sein, ich brauche also nur zu erwähnen, daß ungeachtet der anfänglichen Vorurtheile gegen dasselbe die Versuchseinrichtung diesen Winter völlig gelungen ist; die Anzahl der Besucher war ziemlich beträchtlich" u. s. w. (Folgen einige Klagen über Undankbarkeit und Verkennung von Seiten Einzelner.)

„Gott sieht meinen Willen; meine Absicht und mein Bewußtsein rechtfertigen mich: aber ich werde mich auch Jedem verpflichtet fühlen, der sich mit dem Ganzen näher bekannt machen will, ehe er darüber urtheilt. — — — Manche der jetzigen Einrichtungen bleiben indeß noch einige Monate Stückwerk, bis das neugekaufte von Donopische Haus einen allgemeinen Vereinigungspunkt gewährt; will man dann noch ein Jahr Geduld mit mir haben, so hoffe ich am Schluß desselben vielleicht schon manchen sichtlichen Gewinn für die erhöhete Sittlichkeit und Glückseligkeit der Armen darlegen zu können." — — —

„Dies würde ohne beträchtliche Privatzuschüsse unmöglich werden; aber ich darf vielleicht hoffen, daß meine Mitbürger zufrieden mit dieser vorläufigen Rechenschaft meines übernommenen Amtes, die ich von Zeit zu Zeit öffentlich wiederholen werde, lieber der Armenbüchse und dem Kirchenstocke zuwenden werden, was ihre Milde bisher Straßen- und Hausbettlern gab. Wenigstens dürfen sie dann nicht zweifeln, daß wirklich Noth dadurch gemildert wird — — und so viel darf ich schon jetzt betheuern, daß jeder Bewohner der Stadt, der jetzt noch bettelt, ein fauler, schlechtdenkender Mensch ist, und jeder Arme, der die Privatwohlthätigkeit belästigt und die öffentliche Hülfe dabei genießt oder verweigert, um nur nicht zu arbeiten, in wenigen Monaten dem Strafwerkhaus gewiß anheimfallen wird."

Mit ihren Staatsdienern stand Pauline in einem sehr schönen Verhältnisse. Auf der einen Seite war sie die Regentin, die als solche ihre Würde und Autorität, jedoch ohne alle Anmaßung aufrecht zu erhalten wußte. Den Regierungs- und Kammer-Sessionen wohnte sie unausgesetzt bei. Abweichende

Meinungen ihrer Räthe hörte sie mit großer Aufmerksamkeit an und prüfte sie von allen Seiten. Ueberzeugte sie sich von der Richtigkeit der ihr entgegenstehenden Ansichten, so gab sie die ihrigen gern auf.

Einen langjährigen Diener des Staats, von dessen und seiner Gattin Verhältniß zu der Fürstin noch weiter unten die Rede sein wird, den Canzler König, den sie seiner Erfahrung, seiner Redlichkeit, seiner Einsicht und seiner ruhigen Klarheit wegen besonders hochschätzte, nannte sie, wenn er ihr mannichmal mit seiner überlegten Besonnenheit entgegentrat, oftmals in ihrer wohlwollenden Art ihren Dämpfer. Ihre geistige Ueberlegenheit ließ sie überhaupt die Beamten niemals auf eine verletzende Art fühlen; aber ihr richtiges, klares, gesundes Urtheil wußte meistens immer das Rechte zu treffen, was sie dann geltend zu machen und mit wenigen Worten, besonders schriftlich, schlagend auszudrücken verstand.

In dem kleinen Lande hielt es nicht schwer, alle Staatsdiener und zum Staatsdienste ausgebildete Personen ihrem Charakter, ihren Fähigkeiten, ihrem sittlichen Betragen und sonstigen Eigenschaften nach ziemlich genau zu kennen. Daher war sie auch meistens in der Wahl der Beamten glücklich. Ihre große Humanität ließ sie auch auf die Wünsche derselben, so fern sie mit dem öffentlichen Wohle nicht in Conflict geriethen, freundlich Rücksicht nehmen. Einige Beispiele, wie rücksichtsvoll sie in gegebenen Fällen handelte, mögen dies bekunden. Meistens machte sie den Antrag zu den verschiedenen Aemtern den betreffenden Personen selbst, Anmeldungen waren weniger üblich.

So z. B. trug sie einem jüngern Beamten einst ein Amt an und äußerte sich in einem Briefe an denselben u. A.:

„Der ꝛc. N. N., durch Gesundheitsschwäche veranlaßt, hat seinen Abschied erbeten und wird ihn Johannis mit Pension erhalten. (Folgt nun eine Aufzählung der Geschäfte.) Die nöthigen Eigenschaften sind: Rechtschaffenheit, Uneigennützigkeit, Sittlichkeit, Ehrfurcht für Religion, Humanität, juristische Kenntnisse, Fleiß, Ordnung, Selbstthätigkeit — —. Ich halte Sie für die Stelle paßlich." — — —

„Ich verlange keine sofortige Antwort, im Gegentheil wird es mir sehr lieb sein, wenn Sie überlegen, Sich nach Allem erkundigen und besonders mit dem am Sonnabend zurückkehrenden N. N. ausführlich und ganz offen reden. Ihr bisheriges Amt legten Sie dann nieder. Es wird mir lieb sein, wenn ich auf diese Weise Ihre Wünsche zu erfüllen vermag."

Ein anderes Mal antwortete sie einem Beamten, der sich an sie mit der Bitte um eine andere Anstellung gewandt hatte, Folgendes:

„Der mir in Ihrem Schreiben vom 24. zu erkennen gegebene Wunsch einer andern bessern Anstellung ist billig und motivirt; ich werde gern, sobald es mir möglich wird, darauf Rücksicht nehmen. Es wäre schon früher geschehen, wenn Ihr Wunsch, hier in der Stadt zu bleiben, nicht bisher Hinderniß gewesen wäre und es wird mich freuen, wenn sich mir für Sie Anstellung erwünschter Art bald findet, denn Sie haben meinem Zutrauen entsprochen und wer sich durch Gewissenhaftigkeit im Amte Feinde macht, kann um so mehr auf mich rechnen."

Auch auf die Ehre des Beamten hielt sie streng und wußte sich seiner anzunehmen, wenn diese verletzt war. Hier nur ein Beispiel:

Im Frühling des Jahres 1814, als auch das Lippische vielfach mit Durchmärschen der nach Frankreich ziehenden Truppen überzogen wurde, insultirte eines Tages ein Officier den an der Spitze der Einquartierungscommission stehenden Beamten, indem er verlangte, daß das Regiment, für welches er Quartier zu bestellen hatte, in die Stadt Detmold gelegt werden sollte. Da diese indeß bereits von Truppen überfüllt war und jenes Regiment aufs Land einquartirt werden mußte, so bedeutete ihm der Beamte höflich, daß dies nicht wohl möglich sei. Der Officier vergaß sich so weit, den Degen zu ziehen, um sein Begehren durchzusetzen. Durch besonnenes und festes Benehmen des Beamten entfernte sich der Officier jedoch endlich, ohne seinen Zweck erreicht zu haben. — Die Fürstin erfuhr diesen Vorfall durch den damaligen Schloßhauptmann, nachherigem Oberhofmarschall von Hoffmann, der dabei gegenwärtig gewesen war. Sie schrieb dann an jenen Beamten:

"Erst gestern Abend hörte ich die Ihnen persönlich wiederfahrene Beleidigung, ich bedaure es herzlich und verspreche Ihnen Genugthuung; ertheilt sie Herr von R. nicht, so werde ich sie Ihnen verschaffen und sollte ich mich unmittelbar an den König wenden."

Eine genugthuende und entschuldigende Erklärung ist denn auch später durch Paulinens Vermittlung erfolgt, ohne daß jener äußerste Schritt nöthig wurde.

Mit innigem Vertrauen wandten sich mannichmal auch der Fürstin nähere Freunde an sie um Rath, den sie immer auf eine passende Art zu ertheilen wußte. So wandte sich u. A. einst eine von ihr hochgeehrte Frau, welcher ein unangenehmer Brief zugekommen war, an sie mit einer Bitte um denselben, und sie ertheilte ihren Rath in folgenden Zeilen:

"Ich bedaure Sie herzlich, liebe Freundin, wegen des widrigen Briefes, den ich wieder anschließe. Es ist unwürdig, von der Mutter wiedergesagt zu haben, was Freundschaft veranlaßte. Soll ich rathen, so senden Sie das Schreiben zurück und lassen dabei die Zeilen ohne Unterschrift schreiben:

""Frau N. ist nicht gewohnt, Briefe dieser Art zu empfangen noch zu beantworten, auch möchte sie gern glauben, Aufschrift und Anrede sei Irrthum."" —

Hoffentlich endigt damit die fatale Historie, und haben Sie Frau v. W. der älteren weiter nichts gesagt, als was Sie mir schreiben, meine Liebe, so ist eine Klage nicht möglich, überhaupt ist dies wohl nur Schreckschuß in die Luft.

Und nun vergessen Sie den Verdruß und denken nur an Ihre Erheiterung und Genesung, welche so herzlich wünscht

Ihre treue Freundin Paulina."

Hier mögen nun noch einige Anecdoten ihren Platz finden:

Als die Fürstin im Jahre 1819 dem Lande die neue Verfassung ertheilt hatte und diese publicirt war, brachte die Verkündigung derselben einen großen Jubel hervor. In Detmold äußerte sich diese Freude sehr lebhaft, und durch eine Illumination sollte der Fürstin diese Anerkennung und der Dank der Stadt an den Tag gelegt werden. Abends fuhr sie mit einigen Begleitern durch die Stadt, um die Illumination in Augenschein zu nehmen. Da waren denn an der Hauptstraße ein paar Häuser, worin Mitglieder der alten Landstände wohnten, ganz dunkel geblieben, und Einer aus der Umgebung der Fürstin deutete stillschweigend mit der Hand dahin. „Das finde ich ganz in der Ordnung," sagte sie, „wo Licht ist, muß auch Schatten sein." —

Als einen Beweis, wie groß das Vertrauen war, welches die Fürstin genoß, sei auch das nicht vergessen, daß die Stadt Lemgo bei einer Vacanz sie zu ihrem Bürgermeister wählte. Die Stadt hatte deren zwei. Sie war stets sehr eifersüchtig auf ihre Privilegien und Freiheiten gewesen. Im Mittelalter, wo sie zum Hansebunde gehörte, war sie viel bedeutender, als gegenwärtig; die Blüthe derselben wurde durch den 30jährigen Krieg zerstört, jedoch hat sich noch bis auf den heutigen Tag eine Art von republikanischem Geist in ihr erhalten. Die Fürstin war hoch erfreut über dieses Vertrauensvotum, welches ihr gegen das Ende ihres Lebens zu Theil wurde, und würde auch dieser Stelle Ehre gemacht haben, wenn ihr ein längeres Leben vergönnt gewesen wäre. Sie hat wohl zuweilen die Idee gehabt, nach Niederlegung der Regentschaft Lemgo, worin zwei fürstliche Schlösser sich befinden, zu ihrem Wohnsitz zu nehmen.

Ihrem Leibarzte machte sie kurz vor ihrem Tode ein Geschenk mit einem Teppich, der in Lemgo verfertigt war, und den sie ihm mit der scherzenden Bemerkung übersandte: Der Bürgermeister von Lemgo (nämlich sie, die Fürstin, als solcher) übersende ihm hier eine Probe von der Industrie seiner Bürger.

Wir lassen nun einige Aeußerungen aus Briefen Paulinens an Freunde folgen, die gewiß ein hohes Interesse haben, weil sie, an sich schön und erhaben, zugleich ein helles Schlaglicht auf ihre Denk- und Empfindungsweise werfen.

Sie schrieb am 15. März 1811:

— — — — — „Mir däucht, in nützlicher Thätigkeit, in dem beruhigenden Bewußtsein, zu nützen und zu wirken, hat man mehr Hoffnung, Gottes Beifall und so des Gebetes und der Wünsche Erfüllung zu sehen." — —
— — „Eine schöne Natur ist viel, aber das Leben im eigenen Busen ist mehr noch, und ohne Frohsinn, ohne Kraft wird Sicilien und Valenzia nicht beglücken. — Verzeihen Sie mir, wenn ich Sie bitte, kindlich empor zu schauen, nicht bloß selbstsüchtig und seufzend das Ferne herbei zu träumen, sondern auch das Gute, Liebe in der Nähe aufzusuchen und aus Ihrem Innern um sich her zu schaffen. — — Ich lebe das ernste Leben der Pflicht, ich habe theure Menschen verloren, meine Gesundheit schwindet, meine Zukunft ist beschattet, Sorge ge-

leitet mich zu neuer Arbeit, mir gelingt so wenig, und Jedes, was mir Wonne war, ist dahin geschwunden, und doch bin ich noch nicht gebeugt; doch hebe ich mein Haupt in erkämpfter Ruhe und religiösem Vertrauen."

„Anhalt ist schöner, als dieses Land, das Klima sagt mir dort mehr zu; aber hier ist meine Bestimmung und ich erlaubte mir in funfzehn Jahren nur zwei Reisen dorthin. Ich lese mit hohem Genuß Werke vorzüglicher Schriftsteller; aber ich erlaube es mir nur, wenn mein Tagewerk vollendet ist, und liegt hier Matthison's neueste Liedersammlung, Goethe's eben erschienenes Werk — dort ein Berg Criminalacten, so greift meine Hand mechanisch nach den letzteren. Habe ich dann meinem Amte gelebt, bin ich treu im Berufe gewesen und mich trifft noch ein Leiden mehr, so falte ich meine Hände und halte still." —

Am 13. August 1811.

— — „Erfahrungen des practischen Lebens wirken immer tiefer und nützlicher, als die geschmücktesten Hypothesen, jene sind der Wirklichkeit Töne, diese sollen sie erst versuchen. — Kein fühlender und denkender Mensch wandelt wohl durch der Phantasie glänzende Bilder durchs Leben; sie sollen ihm die Rosen ersetzen, wenn sein Pfad durch Dornen sich schlängelt, sie halten ihn ab, das Thier gebieten zu lassen, aber sie haben dann auch ihr Ziel gefunden, sie erbleichen und treten zurück, wenn das wirkliche Leben beginnt. — Was wir träumen, ach! wir finden es nicht! die magischen Farben zerrinnen in der Wirklichkeit, das Prisma wird zum geschliffenen Glase, keine

Regenbogenfarbe ist und bleibt ihm eigen. Und dann gehören ja alle besseren, alle wahren Menschen dem höheren Leben. Sie umfassen auf Erden immer nur Wolken, ihre Saturina thront über denselben. Es ist eine gewohnte Tröstung, daß wir hier nur pilgern, daß dort das Vaterland ist: aber ich kenne doch keine, die so vielseitig, so Alles umschlingend ist; denn wie gern duldet man auf Reisen Beschwerden, belehrt und unterhält, sammelt sich Früchte, behält das Ziel im Auge und denkt: Zu Hause ist Ruhe! — — — — Man spottet des Sybariten, der in jeder Auberge lukullische Tafel sucht und in keinem Rosenlager das gefaltene Blatt ertragen will — und auf der Lebensreise begehren wir überall eine Heimath? — Doch nein, wir irren nur von Zeit zu Zeit, der wahre Mensch schaut dauernd zum Vater, und je weniger ihm hienieden ganz wohl wird, je mehr fühlt er die Nähe der Verklärung, das Wehen des wahren Vaterlandes. Aber hier muß er es sich erwerben durch practisches Handeln zum Wohle der Brüder." —

„Das Herz verblutet nicht, so lange man unaufhörlich thätig ist, und es ist viel, unbegreiflich viel, was der Mensch vermag, wenn er keine Zeit vertändelt, verspielt, verseufzt und sich nicht verzärtelt."

Noch schließe sich hier ein Gedicht der Fürstin vom 4. Mai 1804 an; ihr zarter Sinn für die Natur spricht auch hier sich lieblich und schön aus:

   Erstorben schien die öde Flur,
   Sehr lange ruhte die Natur,

Kein Baum erblüht, kein Vogel sang,
Dem Kleinmuth ward so weh, so bang',
Er seufzte laut nach Sonnenschein
Und hüllte sich noch wärmer ein.

Da schaute Gott herab mit Lieb' und Vaterblicken,
Ihm ward es ja so leicht, die Erde zu beglücken.
Ein milder Regen, eine warme Nacht
Und Alles schien in hohem Reiz erwacht.
Der holden Wohlgerüche Duft
Durchströmte köstlich sanft die Luft.
Der lichten Blüthen Silberglanz
Erschienen wie im Sternenkranz,
Nur der Entwicklung Reiz, er ging für uns verloren,
Ein leiser Allmachtswink — der Frühling war geboren.

Nun ist kein Zauber mehr verhüllt,
Der Wonnebecher neu gefüllt,
Man sieht die Bäume gleich den Weiden
Sich in der Hoffnung Schimmer kleiden.
Man fühlt sich wehmuthsvoll gerührt,
Dem ew'gen Morgen zugeführt,
Wo jedes ernste Leiden flieht,
Man die Verklärten wiedersieht.

III.

In einem der voranstehenden Briefe erwähnt die Fürstin, daß ihre Hand mechanisch nach den Criminalacten greife, wenn diese zugleich neben den sie so sehr interessirenden neuen Erzeugnissen berühmter Schriftsteller und Dichter lägen. Es würde zu weit führen, hier näher darauf einzugehen, in welcher Art Herkommen und Verfassung des Fürstenthums Lippe den Regenten desselben einen persönlichen Einfluß auf die Criminalrechtspflege gestatteten, und eben so unpassend würde es sein, die einzelnen Fälle näher zu schildern, aus welchen wir hier einige Randbemerkungen von Paulinens Hand anzuführen gedenken. Man wird aus denselben leicht entnehmen können, wovon es sich eigentlich handelt. Nur das sei hier bemerkt, daß im Fürstenthum Lippe alle Criminalerkenntnisse im Namen des Fürsten abgefaßt werden und daß die Regenten dieses Ländchens sich stets sehr viel mit der Criminalrechtspflege beschäftigt, sich während der Untersuchungen oft die Acten vorlegen, sich Berichte erstatten lassen und dann eigenhändig ihre Ansicht von der Sache in den Acten niedergelegt haben. — Auch Pauline widmete ihr viel Aufmerksamkeit und nahm ein sehr lebhaftes Interesse an allen vorkommenden Fällen. Wollte man alle Criminalacten während ihrer Regierung nachsehen, dann würde man eine Menge treffender und scharfsinniger Bemerkungen von ihrer Hand darin aufgezeichnet finden; aber sich auch zugleich überzeugen, mit welcher Umsicht, Gerechtigkeitsliebe und Humanität sie dabei zu Werke ging.

Einzelne Randbemerkungen aus den Acten von ihrer Hand mögen hier eine Stelle finden:

(Oct. 1803.) 1. In causa K., einer 14jährigen Brandstifterin.

„Ich genehmige dieses Urtheil und wünsche, daß Arrestantin möglichst im Zuchthause isolirt sein könnte, um zum Nachdenken geleitet zu werden, um nicht von der übeln Gesellschaft noch mehr zu verderben. Prediger Krüger müßte eigens beauftragt werden, die Brandstifterin gehörig und mit möglichster Sorgfalt zu unterrichten, damit ihre Besserung mit ihrer Bestrafung sich verbinde. P."

(3. Dec. 1804.) 2. In einer gewissen Rechtssache des D.
(pct. adult.)

„Nicht leicht habe ich etwas mit größerer und wie mir dünkt billigerer Indignation gelesen, als die anstößigen Acten dieses Processes. Folgte ich bloß meinem regen Gefühle, so möchte ich, statt zu aboliren, die Sache streng und genau untersuchen und nicht am Ende bloß die Geschiedene bestrafen lassen. Aber ich fühle, daß wenig herauskommen, vielleicht mancher Meineid veranlaßt werden möchte, da die meisten Verbrechen in genauer Verbindung stehen und finde danach das Gutachten des Criminalgerichts sachgemäß und vollkommen passend. Es wäre also die darin vorgeschlagene Resolution zu ertheilen und habe ich eine Mittelsumme zwischen den vorgeschlagenen Ansätzen à 80 Goldfl. gewählt. P."

(Sept. 1806.) 3. In causa F. aus B.

„Die Billigkeit und Humanität gebietet den Aufschub der Strafe des F. bis er geheilt ist: aber wie soll er fieberkrank in dem Grade bis B. kommen, wo wird er da der ärztlichen Hülfe so nah und mit demjenigen unterstützt sein, was er zur Genesung bedarf. Die Familie ist bettelarm und so wäre die Entlassung aus dem Zuchthause zwar Ersparniß für dieses, aber um so härtere Strafe. Ich sehe nur den Ausweg, den Unglücklichen, der, wenn auch Verbrecher, doch Mensch ist, aus dem Zuchthause nach der Krankenstube transportiren und da verpflegen zu lassen. K. (der Arzt) kann dann alle 8 Tage dem Criminalgericht über den Gesundheitszustand berichten und dann läßt sich das Weitere bestimmen. Ich schließe 10 Bouillon-Tafeln bei, wovon jede eine gute gesunde Suppe für einen solchen Kranken ist, sie brauchen nur aufgelöst, etwas gesalzen und nach Umständen einige Schnitte Brod hineingethan werden.

P."

(Febr. 1808.) 4. In causa L.

„Bei der Jugend des Denunciaten, bei dem Umstande, daß er noch leugnet, nie vorher wegen Diebstahl in Untersuchung kam, kann ich mich ungern zur Zuchthausstrafe entschließen, die ihn leicht schlimmer machen könnte; ich halte es also für besser, daß er zu vier Wochen Gefängniß, abwechselnd bei Wasser und Brod, bestraft werde. P."

(Nov. 1809.) 5. In causa K.

„Mit dem letzten Voto um so mehr conform, da ein Sohn, der seine Eltern mißhandelt, immer ein verabscheuungswürdiger Mensch bleibt, hier auch der Zorn die Strafe nicht aufheben kann. Die Zeugnisse früheren bessern Wandels zeugen höchstens, daß es die erste solche Handlung war, die der K. beging; aber Alles das ließe sich auch anführen, wenn er seinen Vater getödtet hätte, und dann hätte man ihm doch wohl nicht 3 Wochen Arrest zur Strafe anrechnen können. Zu große Gelindigkeit in solchen Fällen ist Sünde gegen Tugend, Religion und Sittlichkeit. P."

(März 1810.) 6. In causa B.

„Aus dem Grunde, daß vielleicht auf diese Weise der B. noch zum bessern Menschen werden kann, genehmige ich seine Entlassung, bin aber eben deshalb auch keineswegs für öffentliche Züchtigung, so zweckmäßig ich sie außerdem finden würde. Da indessen die Kleidung nicht wohl aus dem Verpflegungsfond erfolgen kann, der Rademacher W. aber bei Nichterfüllung seiner Bedingung zurücktreten möchte, so wird das Beigesiegelte diese Schwierigkeit heben. P."

(Aug. 1811.)   7. In causa K.

„Der K. ist zum Zuchthause zu verurtheilen, und kann ich weder in den Geist der Anfrage eingehen noch denselben billigen; der gewesene Züchtling bleibt vom Militairdienste ausgeschlossen, nicht weil er im Zuchthause war, sondern weil er dasselbe verdiente, und kein Dieb ist werth, dem Stande der Ehre einverleibt zu werden. Auch sagt ja das Edict vom 2. Juli ausdrücklich, daß Keiner Stellvertreter sein kann, der nicht Zeugnisse des Wohlverhaltens beibringt.   P."

(Sept. 1811.)   8. In causa K.

„Brieferbrechung ist eine unerlaubte Handlung. In Kriegszeiten erlaubt man sie sich zwar, aber dann muß es vorher bekannt sein, die Briefe müssen mit einem öffentlichen Siegel wieder verschlossen werden. Jetzt Briefe im Geheim erbrechen, sie verstohlen wieder verschließen, ist höchst unrecht, mag auch die Absicht gut sein, kein Zweck heiligt unerlaubte Mittel. Auch müßte die General-Postdirection erst darum befragt werden, wollte man den Postdirector R. nicht zu einer unerlaubten Handlung veranlassen. Das wird meine Regierung nicht, und ich erwarte keine Vorschläge wieder, denen mein moralischer Tact so sehr widerstrebt."

In derselben Sache:

„Sobald die verhaßte geheime Polizey organisirt werden soll, ist der Vorschlag angemessen, außerdem ist der Gensd'arme nur dann in officio und kann Achtung begehren, wenn er Uniform trägt. Auch haben sie ja grüne Oberröcke.   P."

(April 1813.) 9. In causa R.

„R. scheint zu benen zu gehören, die der allmähligen Rückkehr zur Freiheit und scharfer Aufsicht bei derselben bedürfen. Das von ihm gerühmte gute Betragen verdient indeß Berücksichtigung. Ich will demnach seinen Zuchthausarrest in Strafwerkhausstrafe hierdurch verwandeln, und nach Ablauf eines Jahres Bericht über sein Betragen erwarten. P."

(Juni 1813.) 10. In causa A. und M.

„Das Gesuch hat nicht Statt, da schon alle mögliche Milderung eingetreten ist, und Vornehme nicht entschlüpfen dürfen, wo Geringe bestraft werden; auch ist es zur Vollziehung der Strafe endlich Zeit. — Jedes Verbrechen hat unangenehme Folgen. P."

(Jan. 1815.) 11. In causa Witwe D.

„Ich weiß, daß es sich nicht mit meinem öffentlichen Amte verträgt, Strafen zu schärfen, aber eben so wenig kann ich zugeben, daß die böse, gefährliche Person, welche sich jahrelang zum Geschäfte es machte, Unmündige zu Dieben zu bilden und zu verführen, nicht härter gezüchtigt werde, als habe sie ein paar Heister oder einige Fische selbst entwendet. Ich empfehle also dem Criminalgericht genaue Prüfung dieser Sache. P."

(Juli 1816.) 12. In causa E.

„Je mehr ich die Sache überlege, je ordnungsmäßiger scheint es mir, das Erkenntniß zu genehmigen, publiciren und vollstrecken zu lassen. Landesverweisung ist keine dem Geiste der Zeit angemessene Strafe, sie wird sofort frustrirt, wenn der Verwiesene anderswo nicht aufgenommen wird, oder verarmt, in welchem Falle er dann auch wider seinen Willen in das Geburtsland zurückgebracht wird. Bei E. würde ohnehin der Umstand, daß er noch in einer Untersuchung befangen ist, die Sache noch bedenklicher machen. Bringt seine Frau einen Erlaubnißschein, daß die Familie sich zu Hepen niederlassen dürfe, bei, so will ich alsdann den Strafwerkhausarrest, auch wenn er schon angetreten ist, abkürzen. Dem Werkmeister ist aber bessere Aufsicht und Unterlassung von Nebengeschäften ernstlich zu empfehlen.

P."

(Aug. 1816.) 13. Auf die Bittschrift der K.

"Ich habe die Bitte verweigert und die Frau unterstützt. Daß das Amt den Mann erst einsenden wird, wenn er genesen ist, versteht sich von selbst. P."

(Aug. 1816.) 14. Bei einer Anfrage der Behörde, ob bei einem Selbstmörder das Eselsbegräbniß stattfinden solle?

"Gott bewahre vor solchen veralteten Mißbräuchen, die nur die ohnehin so sehr gebeugten Hinterlassenen bestrafen.

P."

(Mai 1819.) 15. In causa B.

"Die Ehefrau B. abschläglich zu bescheiden, da, so sehr ich auch die Unschuldige bedaure, es mit meinen Pflichten nicht

verträglich ist, um des Wohls einer Familie willen das Rück-
sichtnehmen auf den ganzen Staat zu vergessen. P."

(Febr. 1820.) 16. In causa W.

„Daß der W. sich bald von hier entferne, ist wünschens-
werth, der milde Fond mir aber unbekannt, den man anstren-
gen könnte, um ihn zu unterstützen, ich sehe also nur den Ausweg, ein viaticum für ihn beizusiegeln. P."

IV.

Bei der großen, unermüdlichen Thätigkeit, welche die Fürstin ihrem, wie sie es selbst nannte, öffentlichen Amte widmete, versäumte sie es dennoch nicht, die freundlichen Verbindungen, welche sie mit verschiedenen Familien ihrer Residenz angeknüpft hatte, zu unterhalten. Besonders schön, ja innig und kindlich war ihr Verhältniß zu der verwittweten Fürstin Christine. Diese, die vierte Gemahlin des regierenden Grafen Simon August zur Lippe, war eine geborne Prinzessin von Solms-Braunfels. Der Fürst Leopold I., Paulinens Gemahl, war ein Sohn aus der zweiten Ehe Simon August's mit der Prinzessin Leopoldine von Anhalt-Dessau; die Fürstin Christine war also die Stief-Schwiegermutter Paulinens.

Pauline bewies ihr eine Liebe, Aufmerksamkeit und Sorge, wie sie sie einer eigenen Mutter nicht rührender hätte weihen können. Wo und wann sich Gelegenheit fand, sie zu erfreuen, da geschah es. Die Fürstin Christine ihrerseits erwiederte mit voller Seele diese Herzlichkeit. Sie war gleichfalls eine ausgezeichnete Frau, wenn auch in ganz anderer Art als die Fürstin Pauline. Sie war von einer tiefen, innigen Frömmigkeit und echt christlichen Demuth durchdrungen, rücksichtsvoll und gütig gegen Jeden, der sich ihr nahte. Wohlthun war ihre Lust, ja, man könnte sagen, ihr ganzes Leben war der Wohlthätigkeit geweiht. In ihrem hohen Alter hatte sie noch den Schmerz, daß die Fürstin Pauline ihr im Tode voranging. Erst mehrere Jahre nachher schied auch sie im 85sten Jahre aus dem Leben. Sie ruht auf dem Detmolder Friedhofe, wo sie nach ihrem eigenen Wunsche, statt im Fürstlichen Kirchengewölbe, bestattet ist. Das Grab ziert ein einfaches Monument.

Die Fürstin Pauline versäumte es fast nie, sie an ihrem Geburtstage mit einem Gedichte ihrer eigenen Muse zu erfreuen. Es ist noch eine ziemliche Anzahl vorhanden, die bekunden, daß sie auch nicht ohne poetische Begabung war. Hier soll nur eins von denen, die uns von ihrer eigenen Hand vorliegen, mitgetheilt werden, welches zugleich beweist, wie ihre Seele ganz von ihrem Berufe erfüllt war:

"Als noch an des Harzgebirges Grenzen
Meine Jugend unter heitern Tänzen
Blühte in des Frohsinns Rosenkränzen,
War mir oft Gesang verlieh'n.
Willig weiht' ich dem erkannten Schönen
Viele Lieder in empfund'nen Tönen,
Bei dem Zauberlächeln der Camönen
Fühlt' ich meinen Busen glüh'n."

"Seit in Teutoburges Hallen
Meine Schritte feierlicher wallen,
Weh und Klagen oft vor mir erschallen,
Nenn' ich Themis Herrscherin!

Sorge, daß nicht ihre Wage gleite,
Strebe, daß mich Pallas Eule leite,
Nemesis kein herbes Loos bereite —
Und die Musen, ach! sind hin."

„Nur an eines holden Tages Morgen
Bleiben sie in meinem Rust verborgen,
Freuden, Wonnen scheuchen da die Sorgen
Und Gesang erhöht die Lust.
Warmer Dank des schönen Tages Horen,
Die zum Jubel leuchtend auserkoren,
Einst die beste Mutter mir geboren,
Heil dem dreißigsten August!"

„Würd'ge Feier wäre ihm gegeben
Für das sanfte, reine fromme Leben;
Und wie innig würde sich erheben,
Ewig dankend, meine Brust,
Einigte der Völker treuer Hüter
Ferne, widerstrebende Gemüther,
Brächte uns des Friedens goldne Güter
Doch der dreißigste August!"

Unter den Verbindungen, welche die Fürstin mit den Familien ihrer Staatsdiener angeknüpft hatte, war die mit der Familie König eine der innigsten. Nicht nur, daß sie den Canzler König, ihren ersten Beamten, seiner vortrefflichen Eigenschaften wegen, als solchen hoch in Ehren hielt, sie verkehrte auch häufig mit ihm und seiner Gattin in freundschaftlichem Umgange. Letztere war eine liebenswürdige, sanfte, mit einem reichen Kranze weiblicher Tugenden geschmückte und selbst im hohen Alter noch anmuthige Frau, die durch ihre Wohlthätigkeit bis an ihr Lebensende viele Menschen erfreut hat. Es sind noch eine ziemliche Anzahl Briefe, oder vielmehr meistens nur Villette von der Fürstin Hand vorhanden, die alle mehr oder minder das herzliche Verhältniß bekunden, in welchem sie zu der Familie stand. Das erste derselben, an die Canzlerin gerichtet, ist vom 1. Junius 1805 und lautet:

„Liebe Frau Canzlerin, ich wende mich an Sie mit der dringenden Bitte, wenn der Herr Canzler auch nur den mindesten Schmerz noch hat, es zu hindern, daß er sich durch Gehen in die Session nicht schade, und zu befördern, daß er uns Allen erlauben möge, zu ihm zu kommen. Sie, Liebe, geben uns gewiß gern Tisch und Dintenfaß und unsere Personen, die Acten auch, können sich gern und gut auch dahin verfügen, dann läßt sich der Herr Canzler nicht geniren, bleibt in seiner häuslichen Kleidung und befindet sich um so besser, während es mich sehr beunruhigen würde, wenn er sich im entgegengesetzten Falle schadete. Sie haben dieses und ein noch weit näheres Interesse und so fordert Sie zur Bundesgenossin auf Ihre ergebene Freundin   Paulina."

Am 1. Januar 1809 schrieb sie an den Canzler König:

„— — Da ich Ihnen zum ersten Male in diesem Jahre schreibe, mein schätzbarer würdiger Freund, so geschieht es nach alter Sitte mit dem herzlichen Wunsche, daß Sie noch viele Jahre der besten Gesundheit, der bisherigen ungeschwächten Kraft genießen mögen, und dieser Wunsch ist es zugleich auch für dieses Land, dem Sie so nützlich, für mich, der Sie so unentbehrlich sind. Das nun entschlafene Jahr war nicht lieblich, es brachte der Prüfungen viel, doch endigt es mit minder bewölkten Aussichten, und Gott hilft weiter! Das kleine veilchenblaue Briefchen ist für die Frau Canzlerin. Bleiben Sie mir freundschaftlich ergeben und rechnen für immer auf meine ausgezeichnete Hochachtung und Freundschaft. Paulina."

Diese Wünsche gingen nicht in Erfüllung, denn schon nach einem Jahre war der vortreffliche Mann aus dem Leben geschieden. Er starb am 6. Januar 1810.

Leider sind wohl eine ziemliche Anzahl Briefe von der Fürstin an denselben nicht mehr vorhanden, wie das nachfolgende Billet vermuthen läßt:

„Liebe Frau Canzlerin! Ich danke Ihnen für die mir übersandten Briefe, ich habe sie mit Rührung, dankbarer Rückerinnerung und erneuertem Schmerz gesondert, was für die Geschäfte gehört zu mir genommen, das Unnütze selbst verbrannt und sende ich Geistesfrüchte des uns zu früh Entrissenen Ihnen als Ihr Eigenthum zurück."

„Mit Bedauern habe ich durch mein anhaltendes Übelbefinden des Vergnügens mich beraubt gesehen, Sie diese Tage zu sprechen.

Detmold, den 21. Januar 1810. Paulina."

Auch nach dem Tode des Canzlers König blieb die Freundschaft zwischen ihr und seiner Wittwe dieselbe. Unausgesetzt suchte sie diese zu erfreuen und setzte ihr auch gleich eine ansehnliche Pension aus. Von Seiten der König wurden aber diese Gesinnungen auch mit großer Liebe und Dankbarkeit erwiedert und ihre geschickte, kunstgeübte Hand beschäftigte sich sehr viel damit, die Fürstin mit schönen Arbeiten zu erfreuen. Auf Geschenke und Gegengeschenke an Geburts- und Weihnachtstagen bezieht sich daher auch vielfach die noch vorhandene Correspondenz. Man muß die freundlichen Wendungen und die Feinheit bewundern, mit denen die Geschenke von Seiten der Fürstin begleitet wurden. So schrieb sie einmal:

„Liebe Frau Canzlerin! Erlauben Sie mir den Wunsch, daß Sie so wohl und heiter sein mögen, wie dieser schöne, freundliche Morgen, und die Bitte, mir eine Wette gegen Fräulein von Biedersee (ihre Hofdame) gewinnen zu helfen. Wir redeten am Sonntag Abend vom blühenden Aussehen des Fräuleins v. G. (Gesellschafterin der König) und die Biedersee meinte, Weiß kleide dem Fräulein am besten, ich behauptete, Hortensia mache jener Farbe wohl noch den Vorzug in dieser Hinsicht streitig. — Ich möchte nun gar zu gern Recht haben und das gelingt mir nur, wenn Sie, Liebe, den beikommenden Florence in des Fräuleins Garderobe spielen. Darum bittend, empfehle ich mich Ihnen sehr freundschaftlich."

„Die Besetzung liegt dabei. P."

„Liebe, gütige Freundin! Sie haben nur meinen Wunsch erfüllt, denn ich hatte von den köstlichen Arbeiten gehört und sie zu sehen gewünscht, und für diesen Augenblick sende ich sie dankbar wieder.

Die Aster-Guirlande ist zum Täuschen schön, man glaubt sie pflücken zu können; auch diese Rosen erscheinen in glänzenderer Farbenpracht, als noch je die Natur sie verlieh. Für meine Söhne habe ich zwei Träger acquirirt; Ihre schöne Arbeit, liebe Frau Canzlerin, habe ich Leopold gesendet, die von Mademoiselle Sterzenbach Fritz. Beide sind also auch gleich versehen und so erlauben Sie, vielleicht einige Monate später Sie an Ihr gütiges Versprechen zu erinnern, was ich in dankbarem Andenken behalte.

Ich fühle den innigen Werth Ihrer Fürsorge für meine wankende Gesundheit, die noch nicht nach Wunsch ist. Vielleicht hilft auch die Reise, die ich nicht antreten werde, ohne Sie, liebe Freundin, besucht und Ihnen Adieu gesagt zu haben. — Jetzt erlaube auch ich mir, eine Arbeit zum Ansehen zu senden, die sehr kunstvoll ist, die so oft genannte Mosaique, und die Bitte noch zum Schluß, das Hauskleid und Shawl, was ich mir erlaubte für Fräulein von Goldbeck zu wählen, unbemerkt unter die Sachen derselben zu schieben. — Unwandelbar

Ihre aufrichtige Freundin   Paulina."

„Ich bitte Sie, liebe Frau Canzlerin, morgen um einen Theil des Tages und um die Erlaubniß, Sie um $\frac{1}{2}$11 Uhr abholen zu dürfen, aber um recht warme Kleidung, da von Schlittenfahren Rede ist.

Detmold, den 22. Februar 1810.   Paulina."

„Liebe Frau Canzlerin! Schon seit Beginn dieses Jahres, schon seit mehreren Monaten wollte ich Ihnen sagen und schreiben, was dieser Brief enthält; aber die Besorgniß, daß Ihnen der Inhalt unangenehm sein würde, die Furcht, es möchte Ihnen Abnahme von Freundschaft scheinen, was nur Gerechtigkeit ist, hielt mich dauernd und wiederholt zurück.

Als wir vor anderthalb Jahren den würdigen Canzler verloren, wollten Sie sogleich zur Räumung der Amtswohnung die Anstalt treffen, ich ließ es nicht zu, ich bat Sie, ruhig zu bleiben, ich wollte es Ihnen ein halbes Jahr vorher sagen, wenn ich der Wohnung bedürfte. Ich wollte den ersten Schmerz sich mindern lassen; ich meinte, es würde Ihnen Trost sein, Zimmer und Alles, was der Treffliche bewohnte, vorerst noch beizubehalten und gewiß noch ein Jahr im Hause zu wohnen, was Ihnen lieb war durch ihn. Da ich aber den Regierungs-Director von Funck nicht dauernd ohne Ungerechtigkeit eines Vorzugs berauben kann, den alle seine Vorgänger in der ersten Stelle genossen, da sein eigenes Haus zu verkaufen oder zu vermiethen ihm die Studirkosten seines Sohnes erleichtern wird, so habe ich die Amtswohnung von Ende dieses Jahres an zu seiner Disposition gestellt, und benachrichtige Sie, versprochenermaßen, ein halbes Jahr vorher.

Ich wiederhole die Bitte, mich nicht mißzuverstehen und überzeugt zu sein, wie gern Ihnen bei jeder Gelegenheit aufrichtiges Wohlwollen bezeigen wird   Ihre ergebenste Freundin
Detmold, den 25. Juni 1811.   Paulina."

P. M.

„Sie erlauben mir, liebe Freundin, meine, wenn auch verspäteten Glückwünsche zum 29. September, sie sind darum nicht weniger aufrichtig. Mögen Ihnen noch recht viele frohe und glückliche Tage zu Theil werden und Ihr sanftes Leben einem klaren Bache zwischen Blumenauen gleich sein.

Zum Beweis, daß ich Ihren Geburtstag in der Abwesenheit mir auch gegenwärtig sein ließ, erlaube ich mir, ein tägliches Kleid für Sie und für Ihr Canapee beizufügen, mich Ihrer steten Freundschaft empfehlend.

Detmold, den 3. October 1815. Paulina."

„Liebe Freundin!

Aufrichtig Theil nehmend an Ihrem Wohlergehen und dem Erfolg Ihrer Reise (die Canzlerin war nach Cleve, ihrem Geburtsorte, gereist und die Fürstin hatte ihr dazu einen Wagen geliehen), freuete es mich, die Kunde, welche der Bediente davon brachte, nun auch gestern durch Ihr Briefchen bestätigt zu sehen. Gottlob, daß Sie zufallsfrei übergekommen und mit dem lieben Fräulein von G., der ich mich bestens empfehle, recht wohl sind. Unendlich freut es mich, daß Sie mit so vieler Güte dem Wagen etwas davon zuschreiben und dieser Ihnen bequem war. Schwerlich würde ihm ohne diese Reise jemals eine so glänzende Apotheose geworden sein und es ist gut, daß Sie ihn dort behielten und er Ihnen auf der Rückreise wieder zu dienen vermag.

Mein Befinden, an dem Sie, liebe Frau Canzlerin, so freundlich Theil nehmen, ist etwas besser, zwar geht es mit Schlafmangel, Nesselsucht und Unterleibsbeschwerden nach gewohnter unangenehmer Weise, aber Kopfschmerz und Brustbeklemmung haben aufgehört, und ich nutze den kleinen wirklichen Sommeranfang recht reichlich. Am 18. war eine kleine, sehr zahlreiche Auction zu Lobshorn, die viel besser, als erwartet und taxirt war, ausfiel. Vorgestern war Ihre Dlle. Schwester und der Regierungs-Director mit mir in Heiligenkirchen, der Abend war unbeschreiblich schön. Gestern besuchte ich Meinberg und blieb dort mit einer kleinen Gesellschaft zum Abendessen, wo es ziemlich voll war und eines starken Gewitters ohnerachtet ganz rasch getanzt wurde. Die Zurückfahrt war lieblich, indessen bei allen diesen Parthieen fehlen Sie mir, meine liebe Freundin, und es ist mir oft zu Muthe, als könnte ich Sie einladen lassen. — Detmolds Neuigkeiten sind von nicht größerem Belang, als das Städtchen selbst. Der Cammerdirector Helwing ist auf einige Tage nach Bückeburg, weil er beunruhigende Nachrichten über die Gesundheit seiner Tochter bekam, Regierungsrath Petri ist ihm so ziemlich nachgereist und zwar über Herford, Osnabrück nach Lengerich, Bentheim, Münster. Rath und Räthin Ernst sind auf 3—4 Wochen nach Pyrmont, wohin dem goldenen Sonntag zu Ehren gestern halb Detmold strömte. — Minchen Stosch ist zur Familie Mackerae von ihrer Frau Nichte selbst abgeholt. — Der Preis des Rockens fällt gottlob merklich, was wir kaum mehr vor der Ernte hofften, und da für die wirklichen Armen die Milchreis-Suppenanstalten sehr guten Erfolg hatten, so ist die herzzerreißende Besorgniß des Mangels vorübergegangen. — Legationsräthin Preuß ist über Erwartung glücklich entbunden und der kleine Sohn stark und gesund. Prediger Böhmer hat vielen Beifall. Die ganze Familie Weerth wird im August nach Essen reisen, und gestern Abend und diese Nacht war die Familie von Goldbeck aus Minden nach Angabe der Nachtliste hier.

Aber nun habe ich mein ganzes Novellenfüllhorn ausgeschüttet, empfehle mich Herrn Geheimerath und Frl. von Goldbeck wiederholt bestens und bitte, nie an dem herzlichen Wohlwollen zu zweifeln, womit ich so gern mich nenne

Ihre aufrichtig ergebenste Freundin

Detmold, den 22. Julius 1815.   Paulina."

"Verehrte Freundin!.

Wäre es nicht heute Dienstag (Regierungssitzung, welche die Fürstin nie versäumte), so würde ich früher für das allerliebste Briefchen gedankt haben, für die gütigen Wünsche, dem Sohne und der Mutter geweiht, und für die warme Ergebenheit für mich und mein Haus, die Ihr liebes, weiches, gefühlvolles Herz nie verleugnen.

Hoffentlich kann ich morgen Ihnen sagen, wie aufrichtig meine Erkenntlichkeit und die zärtliche Hochachtung ist, womit ich mich gern nenne   Ihre aufrichtige Freundin

Detmold, den 8. December 1818.   Paulina."

„Liebe und theure Freundin!

Die erste theure Gabe, die ich nach meinem Erwachen erblickte, war die herrliche Arbeit, das liebevolle Geschenk Ihrer freundlichen Güte. Sie haben, beste Frau Canzlerin, seit Jahren nur daran gedacht, mir Freude zu bereiten, Sie haben sich unausgesetzt für mich beschäftigt und Ihr Briefchen so lieblich und zart giebt dem Allen die Weihe, die innige Bedeutung! Nie werde ich den Teppich mein schönstes künftiges Gemach zieren sehen, ohne Ihrer mit steter Erkenntlichkeit zu gedenken, und ich konnte mir nicht weigern, bis ich sie Ihnen mündlich auszudrücken vermag, diesem Gefühl heute meine ersten Zeilen zu weihen. Herzlich immer ganz die Ihrige

Detmold, den 23. Februar 1819. P."

„Verehrte Freundin!

Den wärmsten Dank für Ihr niedliches Briefchen, mit so warmen, treuen, innigen Wünschen erfüllt. Es kam sichtlich aus dem Herzen, es hat das Herz innig ereilt. Gott segne und erhalte Sie, würdige Frau, auch im gestern angetretenen, auch noch in vielen folgenden Jahren als der Güte, der Freundlichkeit, der Wohlthätigkeit menschliche Offenbarung. Es fehle Ihnen keine wahre Freude, es bleibe Ihnen Gesundheit und Frohsinn, und süße Zufriedenheit durch das stete Wohlergehen des Fräuleins von G. Ich bitte um Ihre fernere Freundschaft, aufrichtig versichernd, daß die meinige nur mit dem Leben endigen wird.

Detmold, den 2. Januar 1820. P."

„Liebe verehrte Freundin!

Ihr gütiger Brief hat mich gerührt, so wie Ihre Krankheitsleiden bisher sehr betrübt. — Ich werde mir erlauben, die Bestandtheile des Teppichs zu senden, sobald nur etwas weniges vollendet ist. — So sehr meine Schwiegertochter dadurch verliert, so hängt es ja natürlich von Ihnen ab, bei der Darstellung zu sein oder nicht und sich derselben zu entziehen, wenn es Ihnen sauer wird.

Recht bald hofft Sie zu umarmen

Ihre stete treue Freundin

Detmold, den 29. März 1820. Paulina."

„Verehrungswürdige Freundin!

Schon hielten mich Reisen, wie Krankheit von der Mitfeier Ihres Geburtsfestes ab. Sehr ungern werde ich morgen in dem Kranze derer fehlen, der aneinander gereihet ist, um Gott zu danken, daß eine würdige, fromme Matrone erhalten blieb, die der Wohlthätigkeit, der Erfüllung christlicher Liebe lebt und an die ersten Jahrhunderte der Zeit erinnert, die man die apostolische nennt. Sie litten viel, Verehrte, im vorigen Jahre, und so ist mein erster Wunsch feste Gesundheit. — Seit bald 2 Monaten bin ich in der ernsten Schule, was man damit entbehrt. — Sie thun so gern wohl, mögen Sie sich überzeugen, daß es mit Erfolg und an solche geschah, die es verdienen. — Sie haben der lieben nahen Freunde und Verwandte viel, keiner und keinem, dem es nicht wohl würde in dem nächsten Zeitraume — das sind meine Wünsche zu Ihrem lieben Geburtsfest. — Möge das kleine Tischgeräth Ihnen wohlgefallen, Ihnen Freude machen, die Hoffnung war mir dazu gegeben, als ich es wählte. Ich hatte noch vor 8 Tagen gewiß gehofft, wenigstens auf Minuten kommen zu können, ein sehr böser Rückfall hat es vereitelt, seit Sonntag bleibe ich im Zimmer — dann ist meine vergilbte, verfallene, kranke Gestalt nicht paßlich für ein Fest, und mein Husten keine Musik, die lieblich tönt. Ich muß also fern bleiben, aber Herz und Wünsche und Gebet sind Ihnen um so näher.

Ganz widmet sich Ihnen mit der zärtlichsten Hochachtung
Ihre aufrichtig ergebenste Freundin

Detmold, den 29. September 1820.   Paulina."

"Geliebte Freundin! Dank im Namen meines Sohnes und in dem meinigen für Ihre Güte, Freundschaft, Liebe, Gewogenheit und Wünsche."

"Gott wird ja so viele Wünsche für meinen Sohn erhören und ihn gut bleiben und glücklich werden lassen sein ganzes Leben."

"Ich stehe in seiner mächtigen Hand und bin ergeben, fort zu leben, wenn er will, dankbar froh, wenn er mich bald zu sich ruft.

Hochachtungsvoll Ihre herzliche Freundin
Detmold, den 6. Nov. 1820.   Paulina."
(Des Fürsten Geburtstag.)

Diesem nur wenige Wochen vor ihrem Tode geschriebenen folgt nur noch ein ganz kurzes Billet in fast ganz unleserlichen Zeilen, die Fürstin hatte es ein paar Tage vor ihrem Hinscheiden geschrieben und es der König, begleitet von Geschenken an sie und ihre Gesellschafterin, einem Fräulein von Goldbeck, zugesandt. Die Canzlerin K. hat es entziffert und darunter geschrieben:

„Freuden bereiten heißt sich die Freuden verdoppeln, Ihnen und dem Fräulein von G. die Weihnachtsgaben schon heute, Ihnen, beste Canzlerin, der Unschuld Symbol."

„Dieses hatte noch wenige Tage vor ihrem Tode die unvergeßliche Fürstin mit zitternder Hand geschrieben und ewig theuer ist mir auch dieser Beweis ihrer großen, unverdienten Güte gegen mich."

Die Canzlerin König starb in dem hohen Alter von fast 82 Jahren, im Jahre 1839. Immer noch war sie bis an ihr Lebensende voll Begeisterung und voll Dankbarkeit gegen die Fürstin, welche ihr das Leben so verschönert hatte. Auch mit der Fürstin Christine war sie sehr befreundet. — Das erhabene Beispiel und der veredelnde Umgang mit zwei so ausgezeichneten Frauen, als die beiden Fürstinnen es waren, konnte überhaupt nicht anders, als in hohem Grade bildend und zur Nachahmung anregend auf diejenigen Frauen Detmolds einwirken, die ihnen näher standen und welche die Humanität und Größe der Einen und die Milde und Güte der Andern verstanden und zu würdigen wußten.

Hier folgt nun noch der von der Fürstin Pauline verfaßte Nachruf, den sie dem Canzler König bei seinem Hinscheiden widmete, und den sie eigenhändig geschrieben der Witwe zusandte, dann aber auch öffentlich den Bewohnern des Landes mittheilte:

„Das Beginnen des 6. Januars brachte dem Lande einen herben, gewiß tief empfundenen Verlust, denn er endigte das thätige irdische Leben des achtungswürdigen und musterhaft rechtschaffenen Canzlers

Dietrich August König.

Er war am 18. Septbr. 1747 in Lemgo geboren, hatte auf der dortigen Schule seine gelehrte Laufbahn begonnen, auf den Universitäten zu Leipzig und Göttingen rühmlich fortgesetzt und in Wetzlar zweckmäßig beendigt. 1772 wurde er bei der Regierung als Assessor angestellt, erhielt bald den Raths-Titel und leistete später in vielen Geschäftsverhältnissen, besonders in den verwickelten Hausprocessen als wirklicher Regierungsrath große und wesentliche Dienste. Auch als Mitarbeiter an der Canzlei und als Criminalrichter machte er sich gleichfalls bleibend verdient, und das Zutrauen des letztverstorbenen, ihm aufrichtig wohlwollenden Fürsten ernannte ihn, als der Präsident von Hoffmann seine Entlassung nahm, zum Regierungs- und Canzlei-Director. Endlich im Jahre 1804 legte ihm die jetzige Regentin das Prädicat Canzler bei, und überraschte ihn damit an seinem Geburtstage nach geendigter Regierungssitzung, damit dieser Beweis hoher Achtung in die Farbe persönlicher Freundschaft gekleidet sei. — So stieg der Verewigte allmälig von Stufe zu Stufe und ohne Jemand wehe zu thun, ohne Connexionen irgend einer Art, ohne Bitte von seiner Seite, bloß durch rühmliche Eigenschaften und wahre Verdienste, zu der ersten und bedeutendsten Stelle, die er in seinem Vaterlande erlangen konnte. — Freundlicher Ernst, ununterbrochener Fleiß und ruhige Weisheit waren seine hervorstechenden Züge, bis ihn sein himmlischer Vater in bessere Welten abrief. Sein wahrhaft frommer Sinn, sein zartes, nie sich verleugnendes Gefühl für Recht, sein besonnenes und vielseitiges Urtheil, sein fortgesetztes Streben nach allem Wahren und Guten, sein unsträflicher Wandel hatten verdient, daß seine Auflösung dem Leben gleiche, auch ging die Angst der letzten Stunde bei ihm vorüber, ohne daß er sie empfand, kein Zug seines ehrwürdigen Gesichts veränderte sich, er starb den Tod des Gerechten. Auch hatte Körperschwäche ihn nicht gelähmt, keine Krankheit ihn allmälig aufgerieben, er blieb nützlich, er erfüllte seine Pflichten in ihrem ganzen Umfange bis zu seiner letzten Stunde: er wohnte noch am Morgen des 5. Januars als Mitvormund der Kammersession bei, besorgte Nachmittags die Geschäfte des Tages und nahm dann, was selten geschah, da er ungern den Arbeiten auch nur eine Stunde entzog, an einer öffentlichen geselligen Freude Theil — als habe er Detmold's Bewohnern Lebewohl sagen wollen — legte sich in der heitersten Stimmung zur Ruhe, und entschlief, um auf Erden nicht wieder zu erwachen.

— Bei den mannigfachen, oft drängenden Geschäften der letzten Jahre, auch da noch, wie sie schwerer ihm wurden, entsagte der brave Mann auf weitere Fortbildung nicht, studirte mit Sorgfalt die in den so verschiedenen Zweigen seines Berufs herauskommenden merkwürdigen Schriften, und wurde selbst kein Frembling in der schönen Literatur, sie blieb ihm, der in früheren Jahren sich mit Beifall als Dichter und Schriftsteller versucht hatte, immer eine liebe Erholung. So konnte denn auch weder der juristische Curial- noch der bleierne Geschäftsstyl seine angenehme correcte Schreibart verderben, die Verordnungen, die er fertigte, die Briefe, die er entwarf, die Aufsätze, die er schrieb, waren hell gedacht, gut gesagt und für Jedermann leicht zu verstehen.

Lebenslang wird diesen Trefflichen seine sanfte, tiefbetrübte Gattin schmerzlich vermissen, mit der er 25 Jahre in der zärtlichsten, ununterbrochen glücklichsten Ehe sich befand, ihn muß eine hochbetagte Mutter überleben, die den edlen Sohn immer so warm geliebt, als hätte sie selbst ihn geboren, um ihn trauern seine gebeugten Schwestern, deren treuester brüderlicher Freund er war, seine würdigen Collegen, die mit ihm im freundschaftlichen Verein unverdrossen am Wohle des Staates arbeiteten — — — denn er war unsträflich in allen Verhältnissen der Natur wie des bürgerlichen Vereins. Deshalb und weil seine seltene Humanität nie sich verleugnete, und nie Jemand seine anerkannte Rechtschaffenheit bezweifelte, fließen dem nun Verklärten der Thränen so viele, ist es Allen, die ihm näher waren, als sei ihnen ein Vater oder Bruder entrissen, und darum ist seinem Vaterlande eine so tiefe Wunde geschlagen. — — Und wer könnte stiller, inniger, dauernder ihm Thränen opfern, als seine Fürstin, die für Alle und mit Allen ihn verliert und beweint — seine Fürstin, der er so ganz ergeben war und die in ihm den sicheren Vertrauten, den klugen Rathgeber, den erfahrenen, geprüften, vieljährigen Freund schätzte, die so gewiß hoffte, wünschte, glaubte, er würde bei ihr bleiben, so lange ihre Pflicht zu regieren ist, und ihn nun doch vorangehen sieht, o! sie wird ihn entbehren, beweinen, bis sie dort ihn wiederfindet!"

V.

Als bundesgesetzlich den deutschen Staaten landständische Verfassungen werden sollten, war Pauline im Jahre 1819 mit eine der ersten Regenten, die dem Lande an die Stelle der veralteten eine neue verlieh. Freilich ist diese Verfassung nie practisch ins Leben getreten, weil ihre Einführung an dem Widerspruche der alten Landstände scheiterte, die sich, als in ihren Rechten gekränkt, beschwerend an den Bundestag wandten.

Im ganzen Lande aber erregte die Verleihung oder vielmehr Octroyrung derselben große Freude, und es fiel sonst Niemandem ein, etwas Anstößiges darin zu finden, daß die Fürstin hier allein handelnd auftrat.

Die alten Landstände waren eine, in zwei Kammern getheilte, beinahe stabile Körperschaft von je sieben Mitgliedern. Nur zwei Stände wurden vertreten; der begüterte Adel wählte unter seinen Standesgenossen sieben Mitglieder, welche die erste Kammer bildeten. Die zweite Kammer bestand aus den Bürgermeistern der Städte; der dritte Stand wurde gar nicht vertreten. Seit 1806 war, was in den bekannten Zeitverhältnissen lag, von Berufung der Landstände gar nicht mehr die Rede gewesen, und die Fürstin Pauline war der festen Ueberzeugung, daß es ihr allein gebühre, hier die zeitgemäßen Aenderungen in's Leben treten zu lassen. Es wird genügen, um ihre Ansichten über eine so wichtige Angelegenheit kennen zu lernen, hier die Vorrede zur Verfassung, die aus ihrer eigenen Feder geflossen ist, wieder in Erinnerung zu bringen. Sie enthält wahrhaft goldene Worte, die aus Fürstenmunde eine um so höhere Bedeutung gewinnen, da sie eine seltene Liberalität athmen und als Denkmal echt fürstlicher Gesinnung nicht der Vergessenheit anheimfallen dürfen:

"Wir wurden bisher auf mehr als eine Weise an der Erfüllung des dreizehnten Artikels der deutschen Bundesacte gehindert, geben aber nunmehr mit voller Beistimmung des künftigen regierenden Fürsten, Unseres Herrn Sohnes Paul Alexander Leopold, dem Fürstenthum Lippe nachstehende landständische Verfassungs - Urkunde. Möge sie dem geliebten Lande, dem siebzehn Jahre Unsere treue, mütterliche Fürsorge gewidmet war, bei dem nahen Ende Unserer vormundschaftlichen Regierung ein theures Vermächtniß und die Grundlage ungestörter Einigkeit zwischen Haupt und Gliedern werden. Es bedarf keiner neuen Landesconstitution; es war unnöthig, Rechte zu versichern, die zu entziehen nie unsere Absicht war, Pflichten einzuschärfen, die sich von selbst verstehen. Wir wollten nur die Hauptzüge der landständischen Verhältnisse nach den Bedürfnissen des Uns anvertrauten Landes bezeichnen, und überlassen es gern der Zukunft, im segensreichen Einverständnisse der künftigen Regenten und der künftigen Stände, die Landes-Einrichtungen, fortschreitend mit den Bedürfnissen der Zeit, zu vervollkommnen und auszubilden.. Es ist das schöne Vorrecht hoher Menschenwürde, niemals still zu stehen, nie am Ziele sich zu glauben; denn was die Väter beglückte, paßt nicht mehr ganz für die Söhne, was diese bedürfen, würde schwerlich mehr den Enkeln genügen; aber dagegen steht es unerschütterlich fest, daß, wo es dem gemeinen Wohle gilt, dem persönlichen Vortheil, den hergebrachten Gewohnheiten entsagt werden muß, und das Glück der Gesammtheit allein Richtschnur sein und bleiben darf."

Im folgenden Jahre, am 3. Juli 1820, übergab sie feierlich die Regierung ihrem Sohne, dem Fürsten Paul Alexander Leopold. Sie berief die Staatsdiener sämmtlich nach Detmold, und in dieser Versammlung, welche im Thronsaale des fürstlichen Residenzschlosses stattfand, sprach sie folgende Worte:

„Wie ich vor achtzehn Jahren die Regierung dieses Landes feierlich übernahm und zum erstenmal öffentlich redete, wie war da Alles so anders, so beengt, so traurig. Ein Witwenschleier, ein tiefes Trauerkleid, jetzt festliche Gewänder; vaterlose weinende Kinder von sechs und fünf Jahren an meiner Seite, jetzt meine erwachsenen kraftvollen Söhne, der eine schon als beglückter Gatte; damals Mangel und Theurung im Lande, und Thränen für den früh verewigten Fürsten, jetzt Wohlfeilheit und Überfluß und kaum noch gehörter Jubel der Freude! Meine Regentschaft war ernst und beschwerlich durch mancherlei Prüfungen, Kriegsbeschwerden und Mißverständnisse, möge die

Regierung meines geliebten Sohnes um so gesegneter, glücklicher, klarer werden. Ich versprach bei meinem Antritt redlichen Willen und mich dem Lande und meinen Kindern ganz zu widmen; so oft ich auch gefehlt haben mag, mein Gewissen versagt mir das Zeugniß der Pflichttreue nicht. Gott hat mich väterlich geleitet, mein gutes Land mir immer Liebe bewiesen, und so ist viel geschehen, manches gelungen, mehr noch vorbereitet. Mit der würdigen vormundschaftlichen Regierung war ich immer eines Sinnes, die Finanzen erfreuen sich eines blühenden Zustandes, und so trete ich ruhig in den Privatstand zurück, entlasse Sie feierlich der mir schuldigen Pflichten, und weise Ihre Treue, Ihre Ergebenheit, Ihren Gehorsam nunmehr an Ihren Fürsten, meinen theuren ältesten Sohn. Ich bitte Gott, daß er ein gerechter, liebevoller, selbstthätiger und entschlossener Regent werde, und ich hoffe es zu Dir, mein vielgeliebter Leopold. Dein Herz hat sich noch keiner Pflicht geweigert, wie solltest Du nicht fühlen, wie schön, groß und heilig der Beruf ist, der Trost, die Hoffnung, der Vater vieler Tausende zu sein. Ich empfehle Dir, nie Jemand zu verdammen, der sich noch nicht vertheidigen konnte, nie auf Günstlinge zu hören, gut und sorgsam im Kleinen, wie im Großen Haus zu halten, um der christlichen Tugend Wohlthätigkeit, dem fürstlichen Vorzuge Großmuth Dich nicht weigern zu müssen: ich bitte Dich um rasche Thätigkeit; wenn man nie ohne Noth aufschiebt, hat man Zeit zu Allem, und dem Regenten sind Freuden und Zerstreuungen nur dann erlaubt, wenn seine Geschäfte beendigt sind. Glaubst Du mir Dank schuldig zu sein, willst Du mir Freude sichern für die mir noch übrigen Lebensjahre, so handle diesen Ermahnungen gemäß, dann ist mein mütterlicher Segen Dein Theil, und, was unendlich mehr ist, Gottes Wohlgefallen Dein Eigenthum."

Paulina."

Wiewohl schon leidend, ahnte sie damals doch selbst noch nicht, daß ihrer Tage noch so wenige sein würden. Schon fünf Monate nachher rief ihr himmlischer Vater sie zu besseren Welten, zu höherer Wirksamkeit ab.

VI.

Wir lassen nun noch etwas über die letzte Zeit ihres Lebens aus der Feder des obengenannten Verfassers ihrer Charakteristik folgen:

„Ihre Gesundheit hatte seit einigen Jahren bedeutend gelitten, und sie führte schon lange Klagen über verschiedene körperliche Beschwerden, die manche schlaflose Nacht für sie herbeiführten. Sie kam in vertraulichen Unterredungen oft auf ein nicht fernes Ende zurück, und gründete ihre Besorgniß nicht auf dunkle Ahnungen, in welchem Falle man sie an ihre, Andern wohl vorgelegte Frage hätte erinnern können: Wer wird denn abergläubisch sein? — sondern auf bestimmte Veränderungen, die sie in ihrem Körper bemerkt zu haben glaubte. Allein, da sie in einzelnen Stunden sehr heiter war, und bei vielen Veranlassungen mit Kraft und Nachdruck handelte, auch ihr äußeres Ansehen im Ganzen nicht auf baldiges Hinwelken deutete: so waren wohl nur sehr Wenige geneigt, einen baldigen Tod zu befürchten. Im Frühling des verflossenen Jahres fühlte sie sich auf's Innigste erheitert durch die Verlobung ihres Erstgebornen, unseres Durchl. Fürsten, mit der Prinzessin Emilie von

Schwarzburg-Sondershausen, unserer Durchl. Fürstin. Ihr ganzes Wesen war wie aufgelöst in Freude. Als aber der Tag der Vermählung sich nahte, und sie sich mit dem Gedanken, derselben beizuwohnen und deshalb eine Reise zu machen, beschäftigte, erwachte die Sorge, daß ihre Gesundheit die Reise wohl kaum ertragen möge. Nach der Rückkehr versicherte sie mit Schmerz, sie habe es erfahren, wie ihre Kraft gesunken sei. Im Sommer übergab sie die Regierung dem Fürsten in Gegenwart der Collegien und mehrerer herrschaftlichen Diener. Ihr Geist siegte über den Körper, man bemerkte nicht, wie geschwächt sie sich fühlte. Sie war jetzt darauf bedacht, eine Cur vorzunehmen, wozu sie sich früherhin nicht hatte entschließen können. Ach, es war zu spät! Wenige Wochen nachher entwickelte sich ein Brustübel, das noch vor dem Schlusse des Jahres ihr Ende herbeiführte. Anfänglich schien sie ihre Krankheit für weniger bedeutend zu halten und sie auf Rechnung einer Erkältung zu setzen, deren Folgen sich heben lassen würden. Sie überzeugte sich allmälig davon, daß viel zu befürchten sei, und gedachte des Endes. Doch erbebte sie nicht vor dem Tode. Sechs oder acht Wochen vor ihrem Hinscheiden äußerte sie unter Anderm einmal mit vieler Fassung: Will mich Gott hinnehmen, sein Wille geschehe! ich weiß ja, daß ich ein Mal sterben muß. Möchte er, wenn's sein kann, nur nicht zu lange mich abquälen lassen. Ich weiß, daß dies vorzüglich für meine Umgebung höchst drückend sein würde. — Es sollte dieser Wunsch nicht ganz erfüllt werden, es wartete ihrer ein mehrwöchiges herbes Krankenlager, sie mußte den Kelch des Leidens bis zu den Hefen austrinken. Ungeachtet ihrer Leiden war sie noch sehr thätig, wirkte mehr, als Viele bei ungeschwächter Kraft zu wirken pflegen, sorgte für Gegenwart und Zukunft und wartete dann des Ausgangs."

"Ihr Arzt hatte ihr feierlich versprechen müssen, es ihr nicht zu verhehlen, wenn entschiedene Gefahr sich eingestellt habe. Er hielt Wort und machte sie achtzehn Tage vor ihrem Tode mit ihrer Lage bekannt. Sie wünschte, nachdem dies in der Frühstunde geschehen war, am Nachmittag sich feierlich an Jesus Tod zu erinnern. Unvergeßlich werden dem, der dies berichtet, jene Augenblicke sein. Es war ihm befohlen, zehn Minuten früher zu kommen, als die übrigen Personen, welche bei der Feier zugegen sein sollten, und die Leidende wiederholte, daß sie in den Willen Gottes ergeben sei. Sie habe beschlossen gehabt, sobald von dem Arzte die Anzeige erfolgt sein werde, daß sie für die Erde nicht viel mehr zu hoffen habe, sich auch durch diese Christenfeier zum Tode anzuschicken. Sie empfinde, daß sie wahrscheinlich in den nächsten Tagen noch nicht sterben werde, allein es sei ohne Sinn und Bedeutung, in dem letzten Augenblicke, wenn der Geist sich zu verwirren beginne, jenen heiligen Christengebrauch zu begehen. Sie redete dann noch einige Worte über die äußere Form der Handlung, und es fanden sich Mehrere im Krankenzimmer ein. Mit vernehmlicher Stimme und zusammenhängend erklärte sich die Kranke über ihren Christenglauben, und empfing dann gemeinschaftlich mit dem Fürstenpaare und zwei Hofdamen die bedeutungsvollen Zeichen, die an den Tod Jesu erinnern. Mit Rührung, bei der sie aber die Fassung zu behaupten wußte, sagte sie uns das Lebewohl! Wir empfanden es, daß es das Lebewohl für jene Welt sei."

„Noch in derselben Woche traf sie die letzten Verfügungen über irdische Angelegenheiten und hatte nun insofern ihr Haus bestellt."

„Die Beschaffenheit der Krankheit, die ihr Leben endigte, brachte es mit sich, daß sie sich an einzelnen Tagen merklich erleichtert fühlte, es schien besser zu werden und es regte sich dann die Hoffnung auf Genesung. So verhielt es sich auch unmittelbar nach jenen angreifenden Tagen der heiligen Feier und der letzten Verfügung über äußere Angelegenheiten. Es schien sich die Kraft merklich zu heben, daß, freilich nicht der Arzt, aber viele Andere, sich dem frohen Gedanken hingaben, die Fürstin werde sich nicht dem Grabe, sondern von Neuem dem Leben zuwenden. Unter manchen Abwechselungen war die Weihnachtswoche gekommen. Schon lange vorher hatte die Leidende sich damit beschäftigt, durch Weihnachtsbescheerungen Freude zu verbreiten. Es erheiterte sie dies jedesmal seit vielen Jahren, und sie war unerschöpflich an neuen Wendungen, mit welchen sie ihre Geschenke darzubieten pflegte. Diesmal verband sich mit der Weihnachtsbescheerung der ernste Gedanke des Todes. In jeder ruhigen Stunde fühlte sie es, daß im nächsten Jahre an dem heiligen Abend sie nicht mehr unter den Lebendigen sei, und sie suchte es daher denen, die ihr lieb waren, zu sagen:

Vergeßt mein nicht! — Daß der jüngere Sohn, der Durchl. Prinz Friedrich, nicht zugegen sein konnte, weil er durch die Masern an Hannover gefesselt wurde, war für sie um so schmerzlicher, da sie ihn erwartet hatte, und die Sorge für seine Gesundheit und sein Leben erhöhte für einige Tage ihre Leiden bedeutend. — Während jener Tage neigte sich ihr Leben immer mehr dem Ende zu und ihre Leiden verstärkten sich. Muth und Vertrauen verließen sie nicht, auch hörte sie noch nicht auf, thätig zu sein. Noch am 26. December, sie starb am 29., schrieb sie auf ihrem Lager sechs Resolutionen in Armensachen für den Vortrag der am folgenden Tage zu haltenden Regierungs-Session nieder und besorgte zudem verschiedene andere sich auf öffentliche Anstalten beziehende Geschäfte. Sie unterließ selbst nicht, Andern Nachrichten und Briefe mitzutheilen, durch die sie erfreut worden war, und schrieb wenigstens die Adresse selbst, wenn sie auch weiter nichts hinzufügen konnte." —

"In der letzten Nacht ihres Lebens hatte sie einen schweren Kampf zu bestehen, doch nur insofern, daß die Brustbeschwerden den höchsten Grad erreichten, und sie die Auflösung ganz in der Nähe erwarten ließen; der Geist blieb stark und fest, sie dankte mit Innigkeit Allen, die sie während ihrer Krankheit gepflegt hatten, sagte dem Fürsten und der Fürstin, seiner Gemahlin, ein tiefempfundenes Lebewohl, blieb bis gegen das Ende völlig bei Bewußtsein und wurde dann ihrem schweren Leiden entnommen. — Während ihrer einige Monate dauernden Krankheit war sie mit sich einig, erkannte tief, daß sie oft gefehlt habe, gestand dies unverholen, glaubte aber zugleich, sich beflissen zu haben, nach Pflicht und Gewissen zu handeln. Ihr Leben hat ein Resultat gehabt, dessen sie sich, insofern Menschen Menschen zu richten vermögen, nicht schämen darf. Einzelnes zu tadeln ist ein Leichtes, so wie auch das Lob des Einzelnen nicht viel bedeutet. Das Verhalten im Ganzen spricht sich, wenn auch nicht bei Allen, doch bei Einigen so vernehmlich aus, daß keine Verschiedenheit der Ansicht und des Urtheils stattfinden kann. Die Fürstin Pauline hat nicht umsonst gelebt, und wenn man der edlen Fürstinnen gedenkt, durch die das Lippische Haus beglückt worden ist, so wird ihrer gewiß nicht vergessen werden. Sie ruhe in Frieden!"

Dieser letzteren Bemerkung fügen wir nur noch die hinzu, daß unsers Erachtens der verewigten Fürstin noch ein weit höherer Ruhm gebührt und daß, wenn man der ausgezeichneten Regenten dieses Jahrhunderts gedenken, auch Paulinens Name genannt werden wird; und daß ihrer Wirksamkeit nur ein größeres Reich fehlte, um in der Geschichte einer Elisabeth von England und einer Katharina II. von Rußland, Paulinens Verwandtin, als ebenbürtig an Herrschergröße an die Seite gestellt zu werden. Daneben hat Pauline vor letztgenannter noch den Vorzug, daß auf ihrer Sittlichkeit kein Makel haftet und eine weit größere Humanität sie auszeichnete. — Möge ihr Andenken dann in Segen bleiben und noch Vielen als ein Muster wahrer Fürsten- und Regentengröße vorleuchten.
